O MITO DO MAL

JACK, O ESTRIPADOR

O MITO DO MAL

JACK, O ESTRIPADOR

Francisco Geraldo F. de Almeida

Diagramação: Eduardo Tognon

....

....

RESUMO

Este estudo objetivou verificar quais motivos influenciaram a análise dos fatos (crimes, criminoso ou criminosos e vítimas) em comparativo com o mito e como pode auxiliar a esclarecer a verdadeira identidade de Jack – o Estripador – na pesquisa bibliográfica, bem como analisar os livros sobre esse assassino e mostrar que a identidade de Jack – o Estripador – continuará sendo um grande mistério e que o mesmo tornou-se um mito e avaliar a vitimologia, comparar alguns dos suspeitos de acordo com as investigações e dos pontos de vista de diversos autores, apresentar o perfil de Jack – o Estripador – e constatar que por mais que tenhamos provas, jamais poderemos ter a real identidade do assassino. Para tanto foi utilizada uma ampla pesquisa bibliográfica e, a partir da análise dos conteúdos estudados, foi possível perceber a importância de aprofundar o caso Jack – o Estripador – para conhecer melhor seu modo de agir, suas vítimas e porque sua identidade será um eterno mistério. Por meio desse o estudo e das sugestões de leitura que estão na bibliografia, é possível perceber que as teorias conspiratórias criadas em torno do assassino de Whitechapel foi o fator primordial para declarar sua mitificação.

Lista de Ilustrações

ÍNDICE

PRÓLOGO DE JOSÉ LUIS ALBA ROBLES

(em espanhol)

El hecho de que Geraldo se acordara de mi para realizar un prólogo a la primera edición de su libro sobre Jack el destripador constituye un honor, pero sobre todo un compromiso, ya que no conozco a ninguna persona con más libros de Jack el destripador y conocimiento sobre su figura.

En esta primera edición que por fin se ha decidido a sacar a la luz, como uno de los mayores expertos de esta bestia humana, se deben destacar la alta precisión con que detalla cada una de las informaciones que se poseen sobre el asesino de Whitchapel, pero también, sus aportaciones criminológicas como conocedor de sus figura, lo que hace de su libro una excelente obra para aquellos que deseen profundizar en esta figura que todavía despierta tanto interés para todos los investigadores y criminólogos mundiales.

Geraldo, como presidente de la Asociación Brasileña de Criminología inicia su andadura con una obra mítica y original para comenzar los escritos de una Asociación (la ABC) que se destaca por su alto grado de gestión y defensa de la Criminología como ciencia independiente e interdisciplinar en Brasil, un país donde la Criminología es inexistente y carece de interés para los gobernantes, de forma que no existe en las ofertas de las universidades. De ahí la importancia de comenzar con esta labor de visibilidad a partir de una figura fundamental dentro de la Criminología que tanto interés ha despertado durante más de un siglo y lo seguirá haciendo en el futuro.

Jack el Destripador aterrorizó Londres en 1888, matando al menos a cinco mujeres y mutilando sus cuerpos de una manera inusual, lo que indica que el asesino tenía un conocimiento sustancial de la anatomía humana. El culpable nunca fue capturado, ni siquiera identificado, y Jack el Destripador sigue siendo uno de los criminales más infames de Inglaterra y del mundo.

Los cinco homicidios atribuidos a Jack el Destripador ocurrieron dentro de una milla de distancia, en o cerca del distrito de Whitechapel en el East End de Londres, del 7 de agosto al 10 de septiembre de 1888. Varios homicidios ocurridos en ese período de tiempo también han sido investigados como el trabajo de "Delantal de cuero" (otro apodo dado al asesino).

Al parecer, el asesino envió varias cartas al Servicio de

Policía Metropolitana de Londres (conocido como Scotland Yard), burlándose de sus horribles actividades y especulando sobre los asesinatos que se avecinaban. El apodo de "Jack el Destripador" tiene su origen en una carta, que puede haber sido un engaño, publicada en el momento de los ataques.

A pesar de innumerables investigaciones que afirman evidencia definitiva de la brutal identidad del asesino, su nombre y motivo aún se desconocen.

Varias teorías sobre la identidad de Jack el Destripador se han producido en las últimas décadas, que incluyen reclamos que acusan al famoso pintor victoriano Walter Sickert, un inmigrante polaco e incluso el nieto de la reina Victoria. Desde 1888, más de 100 sospechosos han sido atribuidos a los hechos, lo que contribuye al folklore generalizado y el entretenimiento macabro que rodea el misterio.

EL 'CARNICERO DE WHITECHAPEL'

A fines del siglo XIX, el East End londinense era un lugar que los ciudadanos consideraban compasivo o con absoluto desprecio. A pesar de ser un área donde los inmigrantes cualificados, principalmente judíos y rusos, vinieron para comenzar una nueva vida y comenzar negocios, el distrito era notorio por la miseria, la violencia y el crimen.

La prostitución solo era ilegal si la práctica causaba disturbios públicos, y miles de burdeles y casas de alquiler de bajo alquiler ofrecían servicios sexuales durante el siglo XIX.

En ese momento, la muerte o el asesinato de una niña trabajadora rara vez se informaba en la prensa o se discutía en una sociedad educada. La realidad era que las "damas de la noche" estaban sujetas a ataques físicos, que a veces resultaban en la muerte.

Entre estos crímenes violentos comunes estaba el ataque de la prostituta inglesa Emma Smith, quien fue golpeada y violada con un objeto por cuatro hombres. Smith, quien más tarde murió de peritonitis, es recordado como una de las muchas víctimas desafortunadas que fueron asesinadas por pandillas que exigían dinero de protección.

Sin embargo, la serie de asesinatos que comenzó en agosto de 1888 se destacó de otros crímenes violentos de la época: marcados por una sádica carnicería, sugirieron una mente más sociópata y odiosa de lo que la mayoría de los ciudadanos podían comprender.

Jack el Destripador no solo apagó la vida con un cuchillo, mutiló y destripó a las mujeres, quitándose órganos como los riñones y los úteros, sus crímenes parecían representar un aborrecimiento para todo el género femenino.

EL LEGADO DE JACK THE RIPPER

Los asesinatos de Jack el Destripador se detuvieron repentinamente en el otoño de 1888, pero los ciudadanos de Londres continuaron exigiendo respuestas que no llegarían, incluso más de un siglo después. El caso en curso -que ha engendrado una industria de libros, películas, series de televisión y recorridos históricos- se ha encontrado con una serie de obstáculos, incluida la falta de pruebas, una gama de desinformación y falso testimonio, y regulaciones estrictas de Scotland Yard.

Jack the Ripper ha sido el tema de las noticias durante más de 120 años, y probablemente continuará en las próximas décadas.

Más recientemente, en 2011, el detective británico Trevor Marriott, que ha investigado durante mucho tiempo los asesinatos de Jack the Ripper, fue noticia cuando se le negó el acceso a documentos no censurados en torno al caso por parte de la Policía Metropolitana.

Según un artículo de ABC News 2011, los oficiales de Londres se negaron a entregarle los archivos a Marriott porque incluyen información protegida sobre informantes de la policía, y la entrega de los documentos podría impedir la posibilidad de futuros testimonios de informantes modernos.

Les deseo que disfruten con esta magnífica obra que sin duda no les va a dejar indiferentes.

Francisco Geraldo F. de Almeida

José Luis Alba Robles

Dr. en Psicología

Licenciado en Criminología

Universitat de València (España)

Valencia, a 17 de mayo de 2018

INTRODUÇÃO

Jack, o Estripador – é a maior incógnita policial dos últimos tempos e sempre somos bombardeados com informações sobre a sua identidade. Será que um dia iremos conhecê-lo?

O que podemos dizer é que houve muitas vítimas e crimes sem solução e, para melhor entender esse caso, trouxemos neste trabalho as opiniões e pesquisas de vários autores realizadas em diferentes épocas.

De uma forma geral os fatos não esclarecem e são, muitas vezes, substituídos pela ficção tendo como referência o estudo sobre Jack, o Estripador, sendo muito necessário compará-lo a um mito do mal e analisar suas vítimas e alguns suspeitos com o intuito de esclarecer melhor o mundo que cerca a lenda Jack, o Estripador.

Portanto, buscou-se reunir dados e informações com o propósito de responder ao seguinte problema de pesquisa: quais motivos influenciam a análise de todos os fatos e livros em comparativo com o mito, vítimas e suspeitos, que podem esclarecer a verdadeira identidade de Jack, o Estripador? Analisemos os fatos.

Não importa que a solução final venha à tona, ou seja, a identidade do assassino, o que interessa são as especulações, dificultando assim a verdadeira identidade, atribuindo-se a ideia que o suspeito seja algo de maior grandeza, acima de qualquer humano. O tema apresentado foca essencialmente sobre o mito, a identidade, as vítimas e os suspeitos de Jack, o Estripador.

Esse estudo é uma pesquisa bibliográfica exploratória, que busca proporcionar maior familiaridade com o tema, tornando-o explícito ou construindo hipóteses sobre ele através do levantamento bibliográfico. Por ser um tipo de pesquisa muito específica, ela assume a forma de um estudo de caso (GIL, 2008).

Para um melhor tratamento dos objetivos e melhor apreciação desse estudo, detectou-se a necessidade da pesquisa bibliográfica no momento em que se fez uso de materiais já elaborados: livros, artigos científicos, revistas, documentos eletrônicos e enciclopédias, na busca e alocação de conhecimento sobre Jack – o Estripador nos assassinatos em série de Whitechapel, correlacionando tal conhecimento com abordagens já trabalhadas por outros autores.

Esse livro se estrutura em três capítulos:

1 - MITO E JACK, O ESTRIPADOR

2 - VÍTIMAS CANÔNICAS

3 - ALGUNS DOS SUSPEITOS E PERFIL CRIMINAL DE JACK, O ESTRIPADOR

CAPÍTULO 1

MITO E JACK, O ESTRIPADOR

Desde 1888 até os dias atuais, a identidade de Jack, o Estripador é um dos maiores mistérios relacionados a assassinos seriais. O que aconteceu de fato com a identidade do assassino é um mistério. Alguns autores apontam para um suspeito e logo em seguida surge outro, entretanto, o fato é que Jack, o Estripador tornou-se uma busca incessante por uma verdade que nunca se tornará verdadeira, e sempre será um mito.

Segundo Barthes (2001, p. 131) o que é o mito hoje? "Darei desde já uma resposta muito simples, que concorda plenamente com a etimologia, o mito é uma fala".

Conforme verificado por Roland (2010), pode-se dizer que é muito difícil revelar a identidade de Jack, o Estripador. Neste contexto fica claro que a névoa de especulações espúrias e teorias conspiratórias dificulta mais ainda a identificação do assassino ou dos assassinos.

Preocupa o fato de que o verdadeiro assassino nunca foi punido, isso porque algumas teorias apresentadas são mais plausíveis do que outras, mas nada que leve à verdadeira identidade do assassino.

Como bem nos assegura Cullen (1965), pode-se dizer que Jack, o Estripador não teve rival entre os criminosos, do ponto de vista do número e da potência mitológica que evocou. Neste contexto, o autor deixa claro que se criou um inspirador de mitos.

Conforme Roland (2010) é interessante, aliás, que exista um culpado, mas há um fato: ninguém foi punido!

E isto se sobrepõe a todas as teorias e especulações conforme explicado acima sobre Jack, o Estripador. Mesmo assim, não parece haver razão para desvendar a real identidade do assassino. É sinal de que há, enfim, um processo de mitificação.

De acordo com Cullen (1965), o mais preocupante, contudo, é constatar que a aura de mistério que envolve os assassinatos de Whitechapel impressionou homens de todas as nações e forneceu matéria para romances, peças, filmes e até óperas de 1888 até nossos dias. Em todo esse processo, ocorreu a mitificação. Assim, preocupa o fato de que existe uma especulação mais sobre o enredo dos assassinados do que a identidade do assassino, isso porque especular gera plateia e a solução final não.

De acordo com Chaui (2000, p. 32), um mito é uma narrativa sobre a origem de alguma coisa (origem dos astros, da Terra, dos homens, das plantas, dos animais, do fogo, da água, dos ventos, do bem e do mal, da saúde e da doença, da morte, dos instrumentos de trabalho, das raças, das guerras, do poder, etc).

Deixo claro que a concretude de Jack, o Estripador o torna um mito. O mito não se define pelo objeto de sua mensagem, mas pela maneira que a profere: o mito tem limites formais, mas não substanciais. Logo, tudo pode ser um mito? Sim, julgo que sim, pois o universo é infinitamente sugestivo. (BARTHES, 2001, p. 131)

Conforme explicado acima por Barthes (2001) o mito é

uma fala e Jack, o Estripador tem sido uma fala constante há mais de um século, devido ao grande sucesso midiático que foi depositado em prol de sua crueldade e, posteriormente, pela sua identidade, por exemplo, o próprio codinome Jack, o Estripador foi criado pela mídia local, e ganhou o mundo.

> Os assassinatos de Whitechapel parecem ter levantado a tampa de uma Caixa de Pandora, revelando toda a violência adormecida nas pessoas. Até surgir o Estripador, qualquer bêbado contentava-se em espancar sua mulher ou sua amante, mas agora ameaçava "dar cabo delas" à maneira do estripador. O Daily News publicou um anúncio de um homem ansioso para livrar-se da mulher, que oferecia 10 shillings a quem quisesse matá-la "pelo processo Wthitechapel". (CULLEN, 1965, p. 71).

Conforme Cullen (1965), no início dos assassinatos em Whitechapel, antes da alcunha de Jack, o Estripador surgir, a população ansiava por um vingador ou senhor das trevas que de alguma forma trouxesse todos os desejos reprimidos, desde o sentimento de justiça até vingança.

Percebemos, nesse momento, que já houve uma ligação do assassino com um ser mitológico.

Figura 1 - Rua de Whitechapel em 1890

Fonte: RYDER e JOHNNO, 2017, p. 16

Conforme explicado por Cullen (1965), o que importa, portanto, desde o início dos assassinatos, é a mitificação do assassino. Essa, porém, é uma tarefa que poucos autores tiveram o cuidado de dissertar. Vê-se, pois, que é mais importante exaltar a trajetória do assassinato perfeito. É preciso ressaltar que existiram e existem autores que tentam trazer a verdadeira luz dos assassinatos de Whitechapel, mas, infelizmente, são poucos. Por final existiu, sim, pelo um menos um assassino que ficou livre e com certeza os familiares de suas vítimas que ansiavam por equidade.

Segundo Schmidt (2008), embora considerado o pai dos *serial killers*, apesar de que não foi o primeiro e nem será o último dos mais perversos psicopatas, aquele que conhecemos pela alcunha de Jack, o Estripador parece mais um amador, se comparado a outros *serial killers*, pois sua área de atuação não ultrapassou o 1,5 quilômetro quadrado. O que torna Jack mais interessante que todos os outros é o fato de nunca ser descoberta a sua verdadeira identidade.

Neste contexto, fica claro que o assassino criou um entusiasmo em cometer mais crimes.

De acordo com (RYDER e JOHNNO, 2017, p. 5):

> Carta do "Caro Chefe" recebida em 27 de setembro de 1888 na Central News Agency. Esta carta foi originalmente considerada como apenas uma outra fraude. Três dias depois, o duplo assassinato de Stride e Eddowes os fez reconsiderar, especialmente quando eles aprenderam que uma porção do lóbulo da orelha foi descoberta cortada do corpo, evocando uma promessa feita dentro da carta. A polícia

considerou a carta do "Querido Boss" suficientemente importante para se reproduzir em jornais e revistas da época, esperando que alguém reconhecesse a caligrafia. Um cartão postal recebido na Agência Central de Notícias em 1 de outubro, fazendo referência direta aos assassinatos e à carta do "Caro Chefe", acredita ter sido escrito pela mesma mão. É reproduzido abaixo. Seja ou não a letra, é um engano, é a primeira referência escrita que usa o nome "Jack the Ripper" em referência ao assassino Whitechapel.

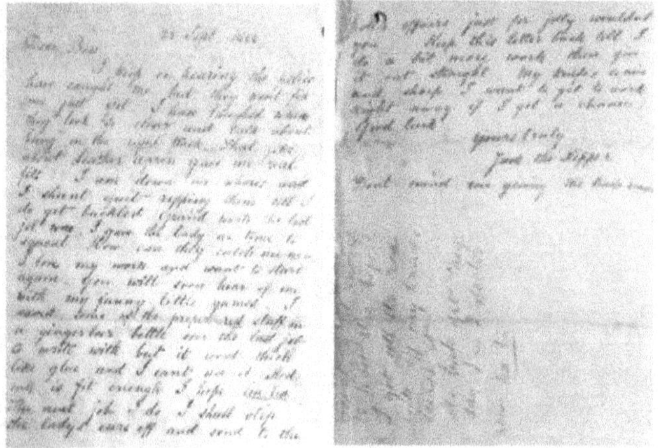

Figura 2 - Carta "caro chefe"

Fonte: RYDER e JOHNNO, 2017, p. 5

Conforme Cullen (1965), dessa forma surgiu o apelido Jack, o Estripador, onde o autor deixa claro que, sem este apelido, os crimes teriam sido esquecidos há muito tempo e não é difícil adivinhar a origem deste apelido. "Jack" era um nome muito comum entre os criminosos do passado; Jack "saltador", Jack "três dedos" e Jack "escorregadio", dentre outros e foi desta forma que surgiu o mito dos assassinos seriais.

Figura 3 - Envelope da carta "caro chefe"

Fonte: RYDER e JOHNNO, 2017, p. 5

De acordo com Rocha (1996), o mito é uma narrativa. É um discurso, uma fala. É uma forma das sociedades espelharem suas contradições, exprimirem seus paradoxos, dúvidas e inquietações. O autor deixa claro que o mito pode ser visto como uma possibilidade de se refletir sobre a existência, o cosmos, as situações de "estar no mundo" ou as relações sociais.

Conforme explicado acima, o mito de Jack surgiu como uma fala ou entidade e, nesse sentido, pode-se dizer que seu objetivo foi torná-lo um mito. Conforme observou o East London Advertiser, é impossível saber-se por que, diante desses revoltantes crimes, a mente volta instintivamente a uma teoria de Forças Ocultas (CULLEN, 1965)

Para Campell (1991) mitos são histórias de nossa busca da verdade, de sentido, de significação através dos tempos. Todos nós precisamos contar nossa história, compreender nossa história.

De acordo com (ROLAND, 2010, p. 08):

> Um apelido criado por um jornalista inescrupuloso, mas empreendedor, a fim de manter os crimes em primeira página e aumentar a circulação dos jornais em uma concorrência acirrada. Graças ao macabro apelido Jack, o Estripador, desde então está alojado na imaginação popular como a personificação de um pervertido cavaleiro vitoriano, um autêntico Mister Hyde,

liberto das restrições que fazem no subconsciente da sociedade respeitável para encarar sua sexualidade reprimida. E, no entanto, a realidade era bem diferente.

Conforme verificado por Roland (2010), Jack, o Estripador trata-se de um grande show midiático e seria um erro, porém, atribuir isso somente à mídia. Assim, reveste-se de particular importância deixar claro para o leitor que existiu todo um jogo para confundir a própria mídia. Sob esse olhar, ganha particular relevância conhecer os principais suspeitos e a vitimologia.

> O reino de terror do Estripador está tão próximo quanto no início, em mistério.... ou esteve? Os papeis particulares do Sr. Melville Macnaghten, ex-chefe da CID Criminal Investigation Department, para a Scoltland Yard, denominaram três suspeitos principais, enquanto insistia que o Estripador "fez cinco vítimas, apenas cinco" outros estudiosos do caso não estão tão certos. Alguns deles calculam duas vítimas mais na contagem, assim elevando a contagem de corpos e expandindo a

> carreira do estripador de dez semanas para três anos (NEWTON, 2005, p. 208)

Conforme Newton (2005) o autor deixa claro que o real assassino pode ficar nas sombras do desconhecimento. Pode-se dizer que os crimes cometidos pelo assassino Jack - o Estripador podem ser indecifráveis. O mito foi criado para esconder algo maior.

As diversas falhas e ausência de interesse nos casos podem ter levado à criação do mito, sendo assim:

> A figura de Jack, o Estripador é absolutamente lendária; ninguém nunca o viu ou as pessoas que o viram nunca poderiam descrevê-lo, porque apenas encontraram seus corpos horrivelmente mutilados. Ele conseguiu cometer onze crimes em Londres desde 01 de dezembro de 1887, data em que foi encontrado em Whitechapel o cadáver de uma mulher desconhecida e horrivelmente mutilado até 10 de setembro de 1889 (DESNOS, 2008, p. 08).

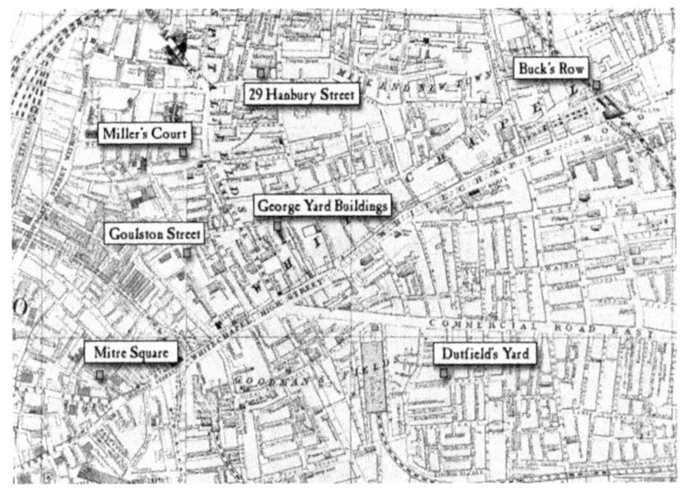

Figura 4 - Mapa de Whitechapel

Fonte: RYDER e JOHNNO, 2017, p. 9

Como bem nos assegura Roland (2010), pode-se dizer que houve mais de cinco vítimas. Neste contexto, fica claro que as vítimas que não são canônicas foram descartadas como vítimas do Estripador. Conforme citado acima, pode haver onze vítimas. Assim, reveste-se de particular importância identificar as verdadeiras vítimas de Jack, O Estripador para desvendar sua identidade.

Segundo (MAPA DE LONDRES, p. n.p.) nem todos esses assassinatos são associados atualmente ao Estripador. As principais correntes de estudo entendem que pelo menos cinco dessas mortes tiveram o mesmo autor, cuja identidade ainda se desconhece.

De acordo com (SPIERING, 1982, p. 207):

Eu vi o arquivo de Jack, o Estripador. Por meio de um amigo da Polícia Metropolitana, consegui acesso ao MEPOL 3/140-2 e ao HOME OFFICE FILE 144/220/A49301 guardados no arquivo público em Londres. Não foi surpresa para mim descobrir que o conteúdo destes arquivos havia sido estripado. Só no arquivo da secretaria do interior encontrei a grande parte das 227 pastas faltando ou destruídas.

Segundo (CORNWELL, 2002, p. 35), "Em seu livro em 1893 sobre criminologia, Arthur Mac Donald definiu o que chamamos de psicopata como um assassino puro. São indivíduos honestos porque não são ladrões. São indivíduos castos de caráter, geralmente demonstram sinais de uma tendência homicida na infância."

Nos últimos dez anos, mais evidências foram recuperadas, novas informações obtidas através das novas ciências criminais e pesquisa séria realizada no mistério de Jack o Estripador do que em qualquer outro momento, desde que o caso foi oficialmente encerrado em 1892. Após mais de uma centena

> de anos, o caso ainda é fascinante, e os resultados ainda estão sendo obtidos através da pesquisa. Nick Warren, um aluno dos crimes e um cirurgião praticante, estudou a segunda fotografia da cena do crime de Kelly que foi recuperada recentemente, e foi capaz de estabelecer que o Estripador usou um machadinho para dividir uma das pernas da vítima! A probabilidade de o caso ser resolvido está aberto ao debate. Se a polícia resolvesse, mas por algum motivo manteve a identidade do Estripador em segredo, então acho que as chances são boas de que a resposta seja redescoberta. (RYDER e JOHNNO, 2017, p. 5)

Conforme explicado acima, o que importa, portanto, é a mitificação do assassino de Whitechapel e a ocultação de sua identidade. Essa, porém, é uma tarefa que não obteve êxito em partes. Vê-se, pois, que Jack tornou-se um mito. É preciso ressaltar que a busca pela verdadeira identidade ainda não cessou.

CAPÍTULO 2

VÍTIMAS CANÔNICAS[1]

---

[1] ADJ. Característica daquilo que segue as normas, que está dentro das regras.

As vítimas de Jack, O Estripador eram prostitutas. O estudo do perfil das vítimas talvez lograsse algum êxito, mas devido à falta desta ciência que na época estava em fase gestacional, não houve uma preocupação real para este aspecto. O termo vitimologia, etimologicamente, deriva do latim, victima, ae, e da raiz grega, logos, significando "estudo da vítima" e constitui a terceira perna do tripé criminológico: autor, criminoso (sujeito ativo) e vítima (sujeito passivo). (LORICCHIO, 2003, p. 78)

Como bem nos assegura (SCHMIDT, 2008), pode se dizer que uma das muitas causas do fracasso policial apontada pelo Daily Telegraph como falta de imaginação. Nesse contexto fica claro que uma série de assassinatos como aquela era um pretexto ideal para experimentar técnicas novas de investigação criminal. O mais importante, contundo, é constatar que os pioneiros da impressão digital estavam tentando promover suas descobertas havia mais de uma década; não é exagero afirmar que o Dr. Henry Faulds tentou despertar o interesse da Scotland Yard na técnica em 1886, sem sucesso.

Figura 5 - Sepultura de Mary Ann Nichols

Fonte: RYDER e JOHNNO, 2017, p. 2

De acordo com (SCHMIDT, 2008, p. 28):

> (...) A primeira vítima desse assassino foi Mary Ann Nichols, ou Polly Nichols, como a chamavam. Morta no mesmo mês que Martha Tabram, Polly, aos quarenta e dois anos, teria sido a primeira das cinco "vítimas canônicas" assim denominadas por figurarem como as únicas do estripador.

De acordo com a citação acima, Polly, além de não ser tão jovem, era baixinha (1,57 m), tinha cinco dentes frontais a menos e, apesar de tudo, naquele dia sentia-se muito atraente. Em 31 de agosto de 1888 foi expulsa do albergue por volta das 1:40 h. Uma amiga, Ellen Holland, encontra-se com Polly na esquina da avenida Whitechapel com rua Osborn, conversaram por uns oito minutos e se despediram. Ellen nunca mais tornou a vê-la com vida. Polly foi encontrada a 750 metros do ponto onde encontrara sua amiga, na Buck's Row. Foi degolada e também eviscerada; seu abdômen estava retalhado.

Segundo Roland (2010), Annie Chapman tornou-se a segunda vítima do estripador, considerada canônica. "Dark Annie" Chapman era uma mulher de baixa estatura, corpulenta e que vivera a maior parte da vida nas ruas de East End. Na madrugada de 8 de setembro 1888, não tinha dinheiro para o pagamento do aluguel da cama, na Dorset Street, 35 e foi expulsa. Saiu pela madrugada buscando clientes e entre 5:30 e 6h da manhã o freguês era seu assassino, ela se tornou vítima de Jack, o Estripador.

Figura 6 - Memorial de Annie Chapman no cemitério da cidade de Londres

Fonte: JONES, 2018, p. 2

Segundo (EDWARDS, 2015, p. 64), Annie Chapman nasceu Eliza Smith, em Paddington, Londres em 1841. Como as três mulheres assassinadas (e muitas das desafortunadas), o autor deixa claro que Annie tinha família e ainda assim foi parar no miserável distrito de Spitalfields, onde acabou encontrando seu fim.

Segundo Carnac (2016), no livro que é um suposto diário, onde Jack, o Estripador descreve seus crimes, porém James Carnac confessa em seus escritos que foram seis o número de vítimas, diferente da investigação, conforme explicado acima. Quem quer que seja Jack, o Estripador, nunca devemos esquecer-nos de suas vítimas, sempre devemos lembrar que esse personagem foi real, que mulheres inocentes foram assassinadas de forma brutal e seus ascendentes e descendentes (que ainda estão entre nós) não viram a justiça sendo feita.

De acordo com (SPIERING, 1982, p. 67):

> Falou-se, no inquérito de Annie Chapman, de uma proposta delirante de lhe fotografarem os olhos esbugalhados, de modo a ver se a retina moribunda apresentaria qualquer imagem do monstro cruel que a matou e mutilou. Talvez tivesse sido melhor escutar, com ouvidos imaginativos, àqueles lábios inchados e desafortunados, pois, sem muita fantasia.

O autor deixa claro, na citação acima, que o foco das investigações sobre os assassinatos em Whitechapel estavam perdidos diante do frenesi que demarcou o cenário do mar de sangue que estava por vir. Acreditando em técnicas mirabolantes, como por exemplo: fotografar os olhos da vítima para ver a imagem do assassino.

Segundo Edwards (2015), Elizabeth Stride foi a

terceira vítima considerada canônica do Estripador, em geral conhecida como "Liz Comprida", embora não se saiba o motivo do apelido, ela não era considerada alta.

Como bem nos assegura Moore e Campell (2014), Elizabeth Stride sofria de doenças venéreas no momento de sua morte. O tratamento para suas doenças sexualmente transmissíveis feito em sua paróquia Natal Gothenburg, na Suécia, foi assunto para diversas teorias.

Como bem nos assegura Roland (2010), Elizabeth Stride foi uma das vítimas do evento duplo em 30 de setembro de 1888, não sofreu as mutilações que Jack, o Estripador infligiu em outras vítimas e foi morta com um único golpe na garganta.

De acordo com (ROLAND, 2010, p. 56):

> Elizabeth Stride era esbelta e bonita, uma perspectiva mais atraente do que as desleixadas prostitutas com as quais compartilhava o local próprio da profissão. Ela se esforçava para ser mais apresentável para os clientes colocando uma rosa vermelha em seu longo casaco preto forrado de pele.

Como bem nos assegura Spiering (1982), Dr. Barnardo, que fundou uma casa para abrigar pessoas sem lar conhecido como "Pais dos filhos de ninguém" visitou um hospedaria vagabunda na Rua Flower-and-Dean, Nº 32, e lá percebeu os olhares aterrorizados diante do perigo que a cercavam e onde conheceu Elizabeth Stride, que pronunciou a seguinte frase: "Ninguém liga para o que acontece conosco", ela se queixara a ele, e finalizou: "Quem sabe a próxima não vai ser uma de nós?"

Figura 7 - Sepultura de Elizabeth Stride, Cemitério East London

Fonte: RYDER e JOHNNO, 2017, p. 10

Conforme Cullen (1965), Liz Stride tinha um lenço de seda amarrado no pescoço com tecido inferior na borda, pois a faca cortara exatamente naquele ponto. O autor deixa claro que uma hemorragia fatal foi provocada, a traqueia e a carótida esquerda foram cortadas. O estripador, como habitualmente fazia, não tivera tempo necessário para mutilar o corpo e tudo indica que fora interrompido na sua atividade. Assim Liz Stride fez sua última viagem até o necrotério.

De acordo com (ROLAND, 2010, p. 63):

> Catharine Eddowers, de 46 anos, ainda não estava completamente sóbria quando a porta de sua cela foi aberta às 00h55 e ela foi conduzida pelo guarda até a porta da delegacia de Bishopsgate. Ela passara uma hora cantando baixinho pra si mesma e foi considerada suficientemente sóbria, para ser liberada. "Sou capaz de me cuidar sozinha agora" ela assegurou ao policial Hutt, o oficial do dia, ao se dirigir cambaleante para a saída da delegacia.

Como bem nos assegura Schmidt (2008), Catharine Eddowes talvez seja a única das vítimas de Jack, o Estripador que mantinha um relacionamento estável com Jonh Kelly. Em 28 de setembro, ao chegar ao asilo de pobres, seu companheiro foi dormir em um albergue, pois só tinham dinheiro para pagar uma cama, e por insistência de Eddowes. Ao chegar no asilo de pobres, em um diálogo com o zelador, Eddowes profere a seguinte frase:

"Mas voltei para faturar a recompensa oferecida pela captura do assassino de Whitechapel, acho que o conheço."

De acordo com Carnac (2016), Catharine Eddowes, foi assassinada dia 30 de setembro de 1888, na Mitre Square, corpo encontrado à 1:45 hs da manhã, exatamente 45 minutos depois do corpo de Elizabeth Stride, sendo considerada a quarta vítima canônica do assassino.

Figura 8 - Sepultura de Catherine Eddowes (até 2003)

Fonte: RYDER e JOHNNO, 2017, p. 2

As condições em que Eddowes fora encontrada, de acordo com (ROLAND, 2010, p. 66):

Os intestinos foram retirados em

grande extensão e colocados sobre o ombro direito, evidentemente impregnados de algum material feculoso; uma parte de cerca 60 centímetros estava destacada do corpo e colocada entre o corpo e o braço esquerdo, aparentemente para um determinado propósito. O lóbulo e a aurícula da orelha direita estavam cortados de maneira obliqua. Não há traços de relação recente.

Figura 9 - Sepultura de Catherine Eddowes (após 2003)

Fonte: RYDER e JOHNNO, 2017, p. 2

De acordo com Schmidt (2008), nessa época

aconteceram fatos importantes: ocorreu a famosa escrita de giz que dizia "Os judeus são os homens que não serão culpados à toa", sendo que a palavra judeu foi escrita da forma errada, que causa até hoje teorias conspiratórias, porém o resto do avental ensanguentado de Eddowes foi encontrado bem em frente à escrita, proposital e para despistar a atenção talvez. O contexto histórico aponta que, para não ocorrer uma falsa acusação e hostilidade aos judeus, foi apagada a escrita, perdendo assim o fato e criando-se especulações desnecessárias.

De acordo com (EDWARDS, 2015, p. 109):

> No dia seguinte aos dois assassinatos, um cartão-postal, de novo assinado como "Jack, o Estripador", chegou à Central News: - Eu não estava brincando, caro e velho chefe, quando lhe dei a dica, você vai ouvir falar do trabalho do insolente Jacky amanhã, evento duplo dessa vez, a número um guinchou um pouco, não consegui terminar logo de cara. Não tive tempo de tirar as orelhas para a polícia, obrigado por não divulgar a carta anterior até que eu entrasse em ação de novo. Jack o Estripador.

Figura 10 - A carta "Saucy Jacky"

Fonte: RYDER e JOHNNO, 2017, p. 5

Como bem nos assegura Edwards (2015), essa carta foi escrita pelo mesmo autor da carta "caro chefe" que não tinha sido publicada e foi esta que levou as autoridades à publicação das mesmas e foi pela primeira vez que o público leu e ouviu o nome Jack, o Estripador.

De acordo com Ryder e Johnno (2017), em 16 de outubro George Lusk, presidente do Comitê de Vigilância Whitechapel, recebeu uma caixa de papelão de três polegadas no correio. Dentro de metade havia um rim humano preservado em vinho, juntamente com uma carta.

Os relatórios médicos realizados pelo Dr. Openshaw descobriram que o rim era muito parecido com o removido de Catherine Eddowes, embora suas descobertas não fossem conclusivas de qualquer maneira.

A carta diz o seguinte:

> Do inferno. Sr. Lusk, Senhor, envio-lhe a metade de um rim. Peguei de uma mulher e preservei para você, a outra parte eu fritei e comi, estava muito bom. Posso enviar-lhe a faca com sangue que o retirou, só se você tiver um tempo mais longo, Assinado: Pegue-me quando puder Senhor Lusk (RYDER e JOHNNO, 2017, p. 5)

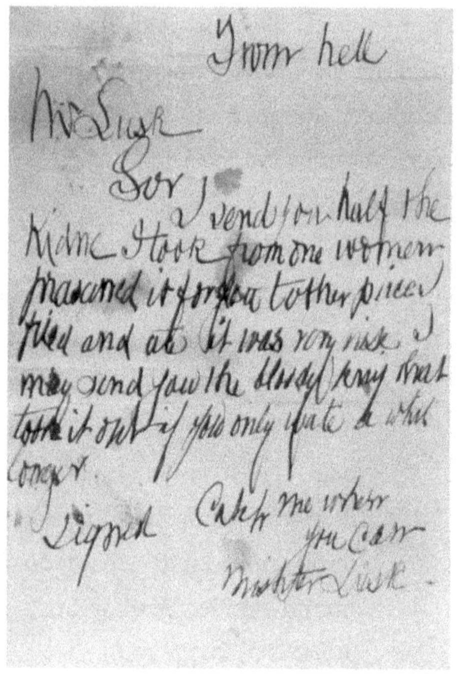

Figura 11 - Carta do Inferno

Fonte: RYDER e JOHNNO, 2017, p. 5

De acordo com (CULLEN, 1965, p. 155):

> Marie Jeannette Kelly não era parecida
> com outras prostitutas do East End de
> Londres. Elas eram velhas e feias. Era
> jovem e bonita... não precisava, como
> as outras, andar pelas ruas para ter
> hospedagem e comida. Assim começa a
> descrição romântica da última vítima

do Estripador, feita por Leonard Matters, um jornalista australiano, eleito uma vez deputado pelo Partido Trabalhista.

Conforme citado acima por Cullen (1965), Mary Jane Kelly, conhecida também como Mary escura e que era linda, olhos azuis, cabelos até a cintura e com uma certa robustez, era implacável. Segundo Barnett, Mary morria de pavor de Jack, o Estripador. "Eu costumava comprar jornais e ler para ela a descrição dos crimes do Estripador", disse ele. Esse terror era compartilhado por todas as prostitutas de Dorset Street. Ela parecia uma espécie de rainha frente às outras. Uma das vítimas, Annie Chapman, foi assassinada a 200 metros da casa de Mary.

Conforme Edwards (2015), Mary nasceu em Limerrick, na Irlanda e se mudou com a família para Carmarthenshire, em Gales. Aos 16 anos casou-se com mineiro de carvão de nome Davies que faleceu em um acidente nas minas, mudou-se para Cardiff e, sob influência de uma prima, envolveu-se com a prostituição. Por volta de 1884 Mary se estabeleceu em East End. Em 1886 saiu de uma residência da senhora Carthy, passou a conviver com dois homens; um deles era Joseph Barnett, 29 e acabou alugando o quarto 13 no Miller's Court em 1888, local onde seria terrivelmente assassinada em 9 de novembro de 1888. O mais terrível dos assassinatos de Jack, o

Estripador.

Figura 12 - Sepultura de Marie Jeanette Kelly - Cemitério Católico Romano de São Patrício

Fonte: RYDER e JOHNNO, 2017, p. 10

Como bem nos assegura Schmidt (2008), por volta de 00:30 hs, Mary Jane cantava uma de suas músicas favoritas, que é A Violet from Mother's Grave, uma canção irlandesa, cuja tradução literal é: Uma violeta no túmulo da mãe. Já eram mais de 02h00 quando George Hutchinson, um conhecido seu, encontrou e ainda trocou algumas palavras com Mary Jane e possivelmente a viu encontrar-se com Jack, o Estripador.

De acordo com (SCHMIDT, 2008, p. 87):

Foi quando um homem, vindo de Aldgate, tocou-a no ombro e disse-lhe algo que Hutchinson não pôde ouvir. Os dois riram. - Tudo bem, ela falou ao que homem respondeu: - Você vai ficar bem com o que eu lhe disse. Ele então pôs o braço ao redor dos ombros dela.

Tendo como base Schmidt (2008), às 10:45 hs, o proprietário, Jonh McCarthy, do quarto que Mary alugara, pediu ao seu empregado, um indiano chamado Bowyer, para cobrar o aluguel de dois meses, que foi ao número 13, bateu à porta, mas não obteve resposta e, olhando pelo vidro quebrado de uma das janelas, se deparou com a cena mais aterradora de sua vida.

De acordo com (SPIERING, 1982, p. 153):

> Em questão de minutos chegava o Inspetor Frederick Abberline (...). Tinha muita intimidade com o crime e criminosos, pois fora, durante muitos anos, detetive Inspetor da divisão de Whitechapel. Deu ordens para que o pátio fosse fechado. Ninguém poderia entrar ou sair sem sua permissão, e, além disso, proibiu a qualquer um a entrada no quarto n°13.

Conforme nos explica Schmidt (2008), o Dr. Thomas Bond, um ilustre cirurgião policial da Divisão A, foi chamado no assassinato de Mary Kelly para realizar um relatório do estado em que foi encontrado o corpo, que estava totalmente destruído, desmembramentos, o coração não foi encontrado, toda a superfície do abdômen e as coxas foram removidas e a cavidade abdominal esvaziada de suas vísceras. Os seios foram cortados, os braços mutilados, demonstrado assim que o assassino entrou em uma espécie de colapso ou tivera tempo necessário para fazer o que tinha vontade nas vítimas anteriores.

Figura 13 - Fotografias mortuárias das vítimas canônicas

Mary Ann Nichols, 31 ago. 1888; Annie Champman, 8 set. 1888; Elizabeth Stride, 30 set. 1888; Catherine Eddowes, 30 set. 1888; Mary Jane Kelly, 9 nov. 1888.

Fonte: RYDER e JOHNNO, 2017, p. 2

É preciso ressaltar que houve várias vítimas mulheres de 1889 até 1891, no mesmo perfil das canônicas, que até os dias atuais geram dúvidas se foram ou não vítimas do Estripador. Como bem nos assegura Schmidt (2008), Mary Kelly foi a última das canônicas e Jack, o Estripador desapareceu sem deixar vestígios, porém seu legado de selvageria deixou um exemplo macabro para imitadores. Chegava ao fim o chamado Outono de terror.

CAPÍTULO 3

ALGUNS DOS SUSPEITOS E PERFIL CRIMINAL DE JACK, O ESTRIPADOR

Pode-se dizer que estudar a criminologia de Jack, o Estripador é bastante complexa, mesmo com todos os livros e diários já lançados e comprovação através do DNA de um dos suspeitos. A investigação conduzida por Abberline e a perícia por Thomas Bond na época dos assassinatos e um perfil do assassino desenvolvido pelo FBI depois de mais de 120 anos. Parece óbvio que há um assassino, sob o ponto de vista dos diversos estudos sobre Jack, o Estripador. Afinal, por se tratar de um dos maiores mistérios policiais dos últimos tempos, essas questões são, contudo, obviamente difíceis de esclarecer tendo-se passado quase 130 anos.

De acordo com (ROLAND, 2010, p. 109):

> Na época dos crimes de Whitechapel, a ciência forense estava apenas em seu início. A nova e radical teoria sugerindo que os criminosos poderiam ser identificados por suas únicas e individuais impressões digitais começava a ser reconhecida a contragosto, mas ainda deveria ser comprovada perante uma corte Britânica.

A história de James Maybrick não foi associada com o caso de Jack o Estripador, até o surgimento de seu diário em 1992. Nasceu em 1838, tinha então 50 anos na época dos assassinatos de Whitechapel. Muito embora a autenticidade do diário seja debatida como uma falsificação, ainda não foi comprovado como falso. O diário contém dados que podemos chamar de evidências surpreendentes para sustentar sua autenticidade. (RYDER e JOHNNO, 2017)

Figura 14 - Foto de James Maybrick

Fonte: RYDER e JOHNNO, 2017, p. 3

De acordo com (MARTÍNEZ, PAULA, 2017, p. n.p.):

> Desde sua publicação em 1993, os pesquisadores especialistas no caso, liderados por Bruce Robinson, estudaram a fundo o diário por duvidar de sua autenticidade. Agora encontraram provas convincentes que confirmariam que o

texto é real. O caderno foi apresentado por um vendedor de antiguidades chamado Mike Barret, que afirmou tê-lo obtido através de um amigo da família chamado Tony Devereux. Este, que por sua vez, morreu pouco depois de ter entregado o diário, sem poder confirmar sua procedência, o que fez os pesquisadores duvidarem ainda mais de sua autenticidade.

Conforme a citação acima e de acordo com Martínez (2017), um diário é divulgado em 1993, em que um comerciante de algodão de nome James Maybrick, assume a identidade de Jack, o Estripador, onde confessa os assassinatos de Whitechapel e de uma prostituta em Manchester. São 9000 palavras onde, em um dos textos, declara: "Revelo o nome pelo qual todos me conhecem, para que a história possa saber o que o amor faz com um cavalheiro. Verdadeiramente, Jack, o Estripador".

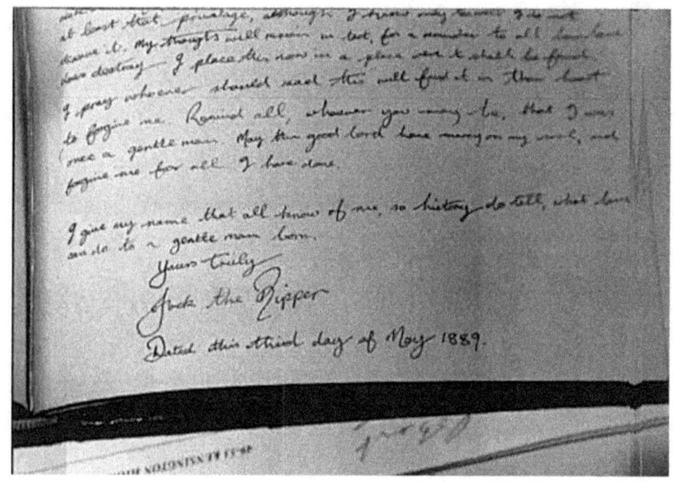

Figura 15 - Foto do Diário de James Maybrick

Fonte: RYDER e JOHNNO, 2017, p. 3

Conforme Harrison (2012), o diário acerta em alguns pontos com a investigação, com a faca que foi usada para assassinar Elizabeth Stride e alguns detalhes como o esquecimento de um giz. Seria um erro, porém, não atribuir a James Maybrick a identidade de Jack,o Estripador, mas existe outro diário e outras investigações com outros Jacks Estripadores.

De acordo com (HARRISON, 2012, p. 287), no fac-símile e transcrição traduzida do diário de Jack o Estripador:

> Está na minha frente. Tenho a intenção de fritar e comer mais tarde ha ha.

Só de pensar já abre meu apetite. Não consigo parar a excitação de escrever. Cortei e a abri inteira, meu deus, tenho que parar de pensar nas crianças, elas me distraem, então cortei e abri inteira.

Segundo Harrison (2012, p. 17), Canter, no prefácio do livro O Diário de Jack, o Estripador escreve: "O Autor do Diário é particularmente um mestre no que diz respeito a mostrar fatos triviais paralelos"

De acordo com Ryder e Johnno (2017), Shirley Harrison afirma que o diário é absolutamente verdadeiro, mas geralmente tem sido pragmática na publicação para admitir que é "uma crença, não um fato comprovado" O autor deixa claro que Harrison foi a primeira a investigar o diário e a primeira a publicar suas descobertas.

Figura 16 - Albert Victor Christian Edward

Fonte: RYDER e JOHNNO, 2017, p. 3

Ora, em tese houve pelo menos um assassino, mas para Spiering (1982), não se trata de um simples assassino e sim um membro da família real, sua alteza Albert Victor Christian Edward. No livro, citado como Eddy, sofria de sífilis cerebral. Uma teoria que é considerada conspiratória, mas não descartável.

De acordo com (SPIERING, 1982, p. 83):

> Sir Charles Warren esperava na escuridão, no beco Cleveland, quando Eddy chegou à entrada do Solar de Marlborough. Eram quase quatro da manhã.

> O príncipe usava um paletó de sarja azul, um chapéu de caçador de gamos, de feltro, e uma bandana vermelha no pescoço. Não havia dúvida, na mente de Charles Warren, de que o homem que ele via, naquele instante, era o assassino de Whitechapel.

Conforme a citação acima, Sir Warren chegou a ridicularizar a possibilidade, mas um policial vira Eddy chegar à residência real às cinco da manhã, com um embrulho, na noite do assassinato de Annie Chapman. Sir Warren chegou a rir do policial, até que um informante do palácio, que também viu o príncipe chegar às primeiras horas da manhã, no dia que se seguiu ao assassinato de Polly Nicholls.

De acordo com (RYDER e JOHNNO, 2017, p. 5):

> Em um artigo publicado pela primeira vez no Evening News (26 de junho de 1976) e depois reimpresso em "The Ripper and the Royals", Nigel Morland lembrou-se de visitar Abberline quando o inspetor morava em Dorset. Morland afirmou que Abberline lhe disse que o caso estava fechado e que "eu dei minha palavra para manter

minha boca permanentemente fechada sobre isso". Abberline continuou dizendo que "Eu sei e meus superiores conhecem certos fatos". E que o Estripador "... não era um açougueiro, judeu ou capitão estrangeiro ... você teria que procurá-lo não no fundo da sociedade londrina no momento, mas um longo caminho até". Dadas as outras declarações conhecidas de Abberline sobre o caso, isso deve ser tratado com considerável ceticismo e cautela.

O autor deixa claro na citação acima que existia um suspeito, porém este não se aplicaria ao Príncipe Eddy. Conforme nos explica Schmidt (2008), que 1888 Eddy tinha vinte e quatro anos, muito jovem para ser o assassino que a maioria descrevia. Sua mãe, a princesa Alexandra, foi uma mãe muito carinhosa, o que torna improvável o suposto ódio ao sexo feminino.

Conforme nos explica Carnac (2016), há uma autobiografia onde um homem afirma ter matado diversas mulheres em Whitechapel. Este homem é James Willoubhby. Carnac afirma que não existem registros deste homem, uma pessoa totalmente desconhecida e que é impossível de rastrear. No manuscrito, que é dividido em três partes, a segunda parte fala a respeito dos assassinatos em

Whitechapel em 1888. Mais parece uma obra de ficção, mas é real.

Segundo Carnac (2016, p. 200), "Minha alcunha Jack, o Estripador não foi escolhida por mim mesmo, mas por outra pessoa. E as circunstâncias foram tais a ponto de exigir uma menção especial".

Como bem nos assegura Cornwell (2002), pode-se dizer que Jack, o Estripador é o pintor Walter Sickert. Não é exagero afirmar que Walter era um homem frio e muito centrado, que geralmente conseguia tudo o que queria por meio da manipulação. Afirma ainda que através de um teste de DNA através de envelopes, uma suposta lambida na aba do envelope por Walter e outro do estripador manchado de sangue, no resultado existe a possibilidade do DNA ser da mesma pessoa, porém não podemos supor que ele era o Estripador.

De acordo com (RYDER e JOHNNO, 2017, p. 13):

> A equipe forense de Patricia Cornwell realizou testes de DNA na parte de trás de envelopes e selos da correspondência do "Estripador", bem como da correspondência de Sickert. Deve ser afirmado desde o início que o teste de DNA de material ao longo de um século nunca foi feito antes. Testes de DNA nuclear – a forma usual de teste de

DNA – voltou negativo. A equipe forense então tentou testes de DNA mitocondrial (mtDNA), que forneceu alguns resultados. "Sequências" similares de mtDNA foram encontradas tanto na correspondência do "Estripador" quanto na correspondência de Sickert.

Como bem nos assegura Roland (2010), o livro de Patricia Cornwell, uma escritora de romances policias, que tenta provar o caso contra seu favorito suspeito, o pintor Walter Sickert, é o primeiro livro de não ficção da escritora. É mais uma campanha publicitária agressiva que serve apenas para causar uma confusão ainda maior em relação ao assassino Jack, o Estripador.

Figura 17 - Foto de Walter Sickert

Fonte: RYDER e JOHNNO, 2017, p. 13

Edwards (2015), que é autor do livro Desvendando Jack, o Estripador, comprou um xale que pertenceu a Catherine Eddowes e que através de uma descendente de Eddowes e exame de DNA comprovou a sua autenticidade, e não continha apenas o sangue da vítima, mas também do próprio Jack, o Estripador, que, segundo o autor, o assassino era Aaron Kosminski.

Outra descoberta em função do xale deixou a tão aguardada resposta ainda mais próxima. Com uma fotografia UV, um conjunto de manchas fluorescentes apareceu. Segundo o especialista, elas teriam características de esperma. "Eu nunca esperei encontrar evidências do próprio estripador, o que foi emocionante", contou Edwards, o dono da peça. Na investigação, também foram encontradas evidências de partes de células de corpo humano no tecido. No ataque um dos rins de Catherine foi removido pelo assassino. (UOL, 2014, p. 35).

De acordo com Ryder e Johnno (2017), Aaron Kosminski nasceu em 1864 ou 1865, provavelmente na Rússia. Os registros sugerem que é provável que Aaron tenha emigrado para o oeste com suas irmãs e suas famílias da Rússia / Polônia em cerca de 1880-1881. Com toda a probabilidade, eles viveram brevemente na Alemanha em 1881 e se estabeleceram em Londres mais tarde em 1881 ou em 1882.

Figura 18 - Russel Edwards, 48, comprou o xale em um leilão.

Fonte: UOL, 2014

De acordo com (EDWARDS, 2015, p. 302):

> Esse nome nunca irá desaparecer. Mas agora, graças ao xale, à excelência científica de Jari Louhelainen e à minha determinação, persistência e recusa em desviar do meu caminho, temos seu verdadeiro nome. Ele não é mais um suspeito. Podemos finalmente responsabilizá-lo por seus feitos terríveis. Minha busca terminou: Aaron Kosminski é Jack, o Estripador.

Como bem nos assegura Zhang (2014), pode-se dizer que o resultado da descoberta de Louhelainen foi uma mutação muito rara no DNA de Kosminski, só que esta mutação não é rara segundo vários especialistas em genética, e eles perceberam um erro muito básico. Membros do Casebook, especialistas no caso Jack, foram os primeiros a notá-lo; a mutação encontrada é extremamente comum nas pessoas com ascendência europeia e qualquer europeu poderia ter sido Jack, o Estripador. A identidade de Jack, o Estripador continua um mistério. É preciso ressaltar que, que no mínimo, Aaron esteve na cena do crime.

Figura 19 - Livros sobre Jack, o Estripador

Fonte: Própria

Segundo Schmidt (2008, p. 116), "A criminologia, com seu ramo ainda mais moderno, o psychological profiling, tem auxiliado a traçar um perfil mais realista, conquanto igualmente hipotético, do assassino de Whitechapel".

Era um homem branco, entre 28 e 36 anos de idade.	Era oriundo de um lar desfeito, falto de cuidados consistentes e de modelos adultos estaveis de comportamento quando criança.
Possuía inteligência mediana.	Foi criado por uma figura feminina que bebia muito, que tinha relações com muitos homens, e que o submeteu a abusos físicos, talvez sexuais.
Era solteiro e tinha dificuldade de interagir com pessoas em geral e com mulheres em particular.	Ateava incêdios e maltrava animais quando crianças.
Era notívago e não prestava contas de seus atos a ninguém.	Odiava e temia as mulheres, sentía-se intimidado por elas.
Mimetizava-se ao ambiente em que vivia.	Interiorizava sua raiva.
Tinha pouca higiene pessoal e parecia desmazelado.	Era mentalmente pertubado e sexualmente inadequado, com muita raiva generalizada dirigida contra mulheres.
Era pessoalmente inadequado, pouco emotivo e tinha baixa auto-estima.	Desejava poder, controle e domínio sobre os outros.
Era um solitário quieto retraido e anti-social.	Comportava-se de modo imprevisível.
Era de classe social baixa.	Empenhava-se em ataques de motivação sexual para neutralizar suas vítimas.
Morava ou trabalhava em Whitechapel, e cometia os crimes perto de casa.	Bebia em *pubs* locais antes dos assassinatos.
Trabalhava como empregado, com pouco ou nenhum contato com o público	Caçava a noite, e era visto percorrendo Whitechapel durante as primeiras horas da manhã.
Trabalhava de segunda a sexta, possivelmente como açougueiro , auxiliar de agente funerário, assitente médico-legista, atendente de hospital (o Hospital de londres ficava na região),ou qualquer ocupação em que pudesse empregar legalmente suas tendências destrutivas.	Não possuía conhecimento médico ou perícia cirúrgica.Foi provavelmente interrogado pela polícia em algum momento.Não escreveu nenhuma das cartas assinadas "Jack, o Estripador", e não teria publicamente desafiado a polícia.Não cometeu suicídio depois que os assassinatos cessaram.

Figura 20 - Sugestão do FBI sobre Jack, o Estripador

Fonte: SCHMIDT, 2008, p. 117

Existem muito mais suspeitos do que mostrados neste capítulo e não existe algo que possamos mostrar como verdades, afinal faz mais de 130 anos. De acordo com Doyle (2007, p. n.p.), "Quando você elimina o impossível, o que restar, não importa o quão improvável, deve ser a verdade".

Considerações Finais

O desenvolvimento da presente monografia possibilitou uma análise detalhada no mundo que cerca as teorias sobre Jack, o Estripador. Uma reflexão de como tornar um assassino em mito, também foi trabalhado o conhecimento das vítimas e de suspeitos conforme a bibliografia encontrada, além de livros adquiridos ao longo de dois anos, o trabalho possibilitou utilizar o conhecimento adquirido para elaboração do perfil criminal.

De um modo em geral, os objetivos foram alcançados, analisamos todos os livros possíveis sobre o assunto, avaliamos as vítimas, os suspeitos e podemos chegar à conclusão que provavelmente nunca chegaremos a conhecer a verdadeira identidade do suspeito. Apresentamos um perfil psicológico e criminológico, e pudemos constatar que os fatos são tão obscuros quanto a realidade, devido às diversas teorias conspiratórias que até hoje não sabemos se são reais ou fictícias. Porém, é valido escrever que em meus estudos cheguei à conclusão que não existiu o Jack e sim vários Jack's, numa espécie de sucessão de imitadores, todos com uma motivação em comum. Como no caso do duplo assassinato, a maioria dos autores acha que foi o mesmo criminoso, em minha análise foram dois, o primeiro de Elizabeth Stride que não chegou a ser estripada, percebe-se um grau de amadorismo ou iniciação do assassino, bem diferente de Catherine Eddowes, que foi estripada e ainda teve órgãos levados pelo assassino. O conhecimento em criminologia, psicologia forense e perfis criminais é um requisito para começar a estudar os casos de Jack, o Estripador, pois é necessário "entrar na cabeça do assassino" e acrescento algo a mais: tem que pensar como a vítima e, por último, como investigador.

Dada a importância do tema, torna-se necessário aprofundarmos bem mais, mesmo que não cheguem à identidade, pois esta seria uma história que jamais deveria repetir-se, mas o que vemos é a crescente taxa de feminicídio no mundo, dando-nos notícias que o mundo gerou assassinos bem piores que o suposto Jack, o Estripador e que ele, hoje, é um mito do mal apenas.

A pesquisa bibliográfica foi concluída, conforme explicado nos parágrafos anteriores e que mais alunos e estudiosos sobre o caso, pesquisem bem mais do que foi apresentado aqui, pois o meu intuito não era divulgar a identidade de Jack, o Estripador, sabendo que muitos aspiram por isso, entretanto levamos à reflexão de que não adianta tentar esclarecer algo que, diante da violência e barbárie que nos cerca, torna-se pequeno. Os únicos a que o mundo deve uma explicação são os descendentes das vítimas, que merecem um esclarecimento sobre quem assassinou seus antepassados e somente eles. E é para: Mary Ann Nichols, Annie Chapman, Elizabeth Stride, Catherine Eddowes e Mary Jane Kelly que dedico este trabalho.

Referências Bibliográficas

BARTHES, R. **Mitologias**. 11ª. ed. Rio de Janeiro: Bertrand Brasil, 2001.

CAMPBELL, J. **O poder do mito**. 2ª Reimpressão - março. ed. São Paulo: Gráfica Palas Athena, 1991.

CARNAC, J. **Eu sou Jack, o estripador**. 1ª. ed. São Paulo: SEOMAN, 2016.

CHAUI, M. **Convite à Filosofia**. São Paulo: Ática, 2000.

CORNWELL, P. D. **JACK, O ESTRIPADOR: CASO ENCERRADO**. São Paulo: Schwarcz LTDA., 2002.

CULLEN, T. A. **JACK O estripador**. Rio de Janeiro: Nova

Fronteira S.A., 1965.

DESNOS, R. **EL DESTRIPADOR**. Tradução de Irene Antón Centenera Irene Antón. EPUB. ed. Madrid: ERRATA NATURAE EDITORES,SL, 2008.

DOYLE, S. A. C. **Sherlock Holmes: edição completa**. Tradução de Louisa Ibañez.et al. Completa. ed. Rio de Janeiro: AGIR EDITORA LTDA, 2007.

EDWARDS, R. **DESVENDANDO JACK, O ESTRIPADOR**. 1ª. ed. São Paulo: SEOMAN, 2015.

GIL, A. C. **Como elaborar projetos de pesquisa**. 5ª. ed. São Paulo: Atlas, 2008.

HARRISON, S. **O DIÁRIO DE JACK, O ESTRIPADOR**. São Paulo: Universo dos livros, 2012.

JONES, R. https://www.jack-the-ripper-tour.com. **Jack The Ripper Tour**, 2018. Disponível em: <https://www.jack-the-ripper-tour.com/general-news/rip-annie-chapman/>. Acesso em: 23 Janeiro 2018.

LORICCHIO, J. D. **Vítima nunca mais**. 1ª Edição. ed. São Paulo: Mundo Maior Editora, 2003.

MAPA DE LONDRES. Entenda quem foi Jack, o Estripador e 5 curiosidades sobre os crimes. **Mapa de Londres**. Disponível em: <https://mapadelondres.org/jack-o-estripador/>. Acesso em: 25 dez. 2017.

MARTÍNEZ, PAULA. Novas evidências sobre a identidade de Jack, o Estripador. **El país**, 2017. Disponível em: <https://brasil.elpais.com/brasil/2017/08/09/internacional/1502287959_301229.html>. Acesso em: 03 fev. 2018.

MOORE, A.; CAMPELL, E. **DO INFERNO**. São Paulo: Veneta, 2014.

NEWTON, M. **A ENCICLOPÉDIA DE SERIAL KILLERS**. São Paulo: Madras, 2005.

ROCHA, E. **O que é Mito**. São Paulo: Editora Brasiliense, 1996.

ROLAND, P. **OS CRIMES DE JACK, O ESTRIPADOR**. SÃO PAULO: MADRAS, 2010.

RYDER, S. P.; JOHNNO. http://www.casebook.org/intro.html. **Casebook Jack The ripper**, 2017. Disponível em: <http://www.casebook.org/ripper_letters/>. Acesso em: 17 dez. 2017.

SCHMIDT, P. **JACK O ESTRIPADOR, a verdadeira história 120 anos depois**. 1ª Edição. ed. São Paulo: Geração Editorial, 2008.

SPIERING, F. **A TRAGÉDIA DO PRÍNCIPE DE GALES, JACK O ESTRIPADOR**. Rio de Janeiro: Francisco Alves, 1982.

UOL. UOL NOTICÍAS. **UOL NOTICÍAS INTERNACIO-NAIS**, 2014. Disponível em: <https://noticias.uol.com.br/internacional/ultimas-noticias/2014/09/07/exame-de-dna-em-xale-revela-identidade-de-jack-o-estripador.htm#fotoNav=35>. Acesso em: 13 fev. 2018.

ZHANG, S. GIZMODO BRASIL. **GIZMODO BRASIL**, 2014. Disponível em: <http://gizmodo.uol.com.br/jack-estripador-dna/>. Acesso em: 13 fev. 2018.

NOTAS

**ASSOCIAÇÃO BRASILEIRA DE CRIMINOLOGIA –
ABC**

Fundada no Oitavo dia do mês de Janeiro de 2016, a Associação Brasileira de Criminologia, entidade civil, sem fins lucrativos, assistencial, promocional e educacional, dotada de plena autonomia administrativa e financeira, com sede e foto na cidade de Quixadá, tem por objetivos:

I – Promover o desenvolvimento e divulgação da Criminologia através da realização de debates, reuniões, conferencias, cursos, seminários, congressos e eventos de âmbitos regional, nacional ou internacional visando ao aprimoramento técnico-científico de seus associados;

II – Promover e manter intercâmbio com entidades afins e congêneres, nacionais e internacionais;

III – Conceder, segundo a legislação pertinente e vigente, o título de especialista na área AFETA.

IV – Criar, implantar e manter institutos e grupos de estudo e pesquisa em atividades científicas e projetos sociais.

Site: www.abcriminologia.com.br

EL INSTITUTO IBEROAMERICANO DE CRIMINOLOGÍA – IBERCRIMA

El Instituto Iberoamericano de Criminología Aplicada (IBERCRIMIA) es una fundación que pretende contribuir a llenar un vacío existente en el ámbito de la Criminología y la diversidad de sus disciplinas complementarias en España, Portugal, Italia, y por extensión a toda Latinoamérica llegando a Estados Unidos de América, México, Uruguay, EL Salvador, Chile, Brasil, Argentina, Perú, Colombia; donde los índices de delincuencia y criminalidad organizada alcanzan cuotas alarmantes en toda la región. Sin embargo, son pocas las iniciativas tanto académicas como privadas destinadas a solucionar el problema desde una perspectiva científica. Parece que hubiéramos olvidado que la ciencia constituye un arma poderosa para resolver los problemas humanos.

Site: https://ibercrimainternacional.wordpress.com/

Sobre o Autor

FRANCISCO GERALDO FERNANDES DE ALMEIDA

Sobre:

<u>Graduação</u> em Recursos Humanos (UVA – Ceará)

Presidente e fundador da Associação Brasileira de
Criminologia
Membro fundador e de honra do IBERCRIMA el Instituto
Iberoamericano de Criminologia
Membro de honra e delegado para o Brasil do SOMECIC
(Sociedad Mexicana de Ciencias del Comportamiento)
Membro associado e do conselho consultivo da APC –
Associação Portuguesa de Criminologia
Master em Criminologia e Criminalística (CFEC, Master
Próprio, Estúdio Criminal, Espanha)
Doutor Honoris Causa em Psicanálise (Emill Brunner)
Membro da Associação Brasileira de Psicanálise
Membro da Academia Quixadaense de Letras
Membro do Instituto Brasileiro de Hipnoterapia

<u>Especialista em:</u>
Investigação Criminal e Psicologia Forense – Faculdade
Unyleya
Criminologia
Psicologia Jurídica (UCAM)
Psicanálise (AMSP – Mexico)

Psicanálise (Unice)

Docência do Ensino Superior

<u>Mestrando (em andamento)</u> em Criminologia (UCES –
Argentina)

<u>Pós-Graduando (em andamento):</u>
Neuropsicologia

Neuropsicopedagogia

Neurociências

Neuropsicanálise

MBA em Gestão Comercial e Inteligência de Mercado

Gestão Pública

<u>Formação livre em:</u>
Psicanálise (IAMPST)

Psicanálise (IMEP)

Hipnose.

Editor chefe da Revista Olhar Criminológico

Autor e Diretor dos livros:

O MITO DO MAL, JACK O ESTRIPADOR, ISBN
9781982929886

MANUAL PRÁCTICO DE CRIMINOLOGÍA FORENSE,
ISBN 9788491906834

Lightning Source UK Ltd.
Milton Keynes UK
UKHW022150090123
415068UK00015B/1959